90〜130cmサイズの
毎日着せたい
キッズニット

岡本啓子

日東書院

Contents

- ボーダーセーター …… p.4
- ボーダーセーター …… p.5
- マルチボーダーセーター …… p.6
- ボンボンつきマフラー …… p.7
- かぎ針あみの帽子 …… p.8
- ボンボンつきベレー …… p.9
- チルデンベスト …… p.10
- ワンピース＆レッグウォーマー …… p.11
- コート …… p.12
- 水玉もようのセーター …… p.14
- アランもようのカーディガン …… p.15

○この本に掲載したウエア作品は90〜130cmのうち2サイズの編み方を掲載しています。
○参考サイズについてはp.26をご覧ください。

- ■ フェアアイルベスト …… p.16
- ■ ハイネックベスト …… p.17
- ■ ガーター編みのカーディガン …… p.18
- ■ モチーフつなぎのベスト …… p.20
- ■ ボンボンアクセサリー …… p.21
- ■ ミニバッグ＆バスケットカバー …… p.22
- ■ ブローチ …… p.23

基本的な用具 …… p.24
この本で使用した毛糸 …… p.25
作品の編み方 …… p.26
棒針編みの基礎 …… p.73
かぎ針編みの基礎 …… p.77
刺しゅうの基礎 …… p.79

ボーダーセーター

3色使いがかわいいボーダーセーター。
洗濯機で洗える糸なので
汚れてしまっても大丈夫。
女の子にもおすすめのデザインです。

- サイズ：100cm、120cm
- 糸：ハマナカ わんぱくデニス
- 編み方：27ページ

ボーダーセーター
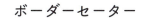

マリンテイストのセーターは、
スカートにもパンツにも合わせやすいのが魅力。
ネックや袖口の赤いラインがアクセント。

- サイズ｜90cm、110cm
- 糸｜ハマナカ わんぱくデニス
- 編み方｜30ページ

B

マルチボーダーセーター

p.4・5と同じパターンでマルチな配色のセーター。
オーバーサイズで着てもかわいいので、
大きめに編んでおくのもおすすめです。

- サイズ：90cm、130cm
- 糸：ハマナカ わんぱくデニス
- 編み方：33ページ

ボンボンつきマフラー

p.6のセーターとおそろいのマフラー。
平らに編んで両端を後からとじるので、
初心者さんにもかんたんに編めます。

🧶 糸 ｜ハマナカ わんぱくデニス
➡ 編み方｜36ページ

かぎ針あみの帽子

手編みの帽子は冬の必需品。
男の子はもちろん、
女の子にもおすすめです。

- 糸 ｜ハマナカ わんぱくデニス
- 編み方 ｜36ページ

ボンボンつきベレー

トップにつけた大きめのボンボンが
おしゃまな女の子にお似合い。
三つ編みの飾りはお好みで。

- 糸 ｜ ハマナカ ねんね
- 編み方 ｜ 66ページ

チルデンベスト

やさしい色合いのチルデンベスト。
カジュアルにも上品にも、
いろいろな着こなしが楽しめる1枚です。

- サイズ　100cm、120cm
- 糸　ハマナカ アメリー
- 編み方　38ページ

ワンピース＆レッグウォーマー

リブの色を替えたおしゃれなワンピース。
肌触りのいい毛糸で着心地も快適です。
レッグウォーマーを合わせれば寒い日も安心。

- サイズ：90cm、110cm（ワンピース）
- 糸：ハマナカ アメリー
- 編み方：［ワンピース］68ページ
　　　　　［レッグウォーマー］72ページ

コート

1枚持っていると重宝する手編みのコート。
衿つきなので首元もあたたかです。
お気に入りの1枚になること間違いありません。

- サイズ｜100cm、110cm
- 糸｜ハマナカ わんぱくデニス
- 編み方｜41ページ

水玉もようのセーター

水玉もようの編み込みに、
裏目を入れて立体感を出しています。
手編みならではのテクニックを楽しんで。

- サイズ：100cm、110cm
- 糸：ハマナカ アメリー
- 編み方：46ページ

アランもようのカーディガン

細い糸で編んだアランもよう。
編み上げるには根気がいるけれど、
その分とっておきの1枚になるはず。

- サイズ：90cm、110cm
- 糸：ハマナカ ねんね
- 編み方：48ページ

フェアアイルベスト

カジュアルからトラッドまで
様々なスタイルを楽しめる伝統柄のベスト。
後ろはメリヤス編みなので軽い仕上がり。

- サイズ：110cm、130cm
- 糸：ハマナカ アメリー
- 編み方：52ページ

ハイネックベスト

シンプルにスッキリと仕立てたベスト。
カットソーやTシャツにも
よく似合います。
薄手なのでスリーシーズン使えます。

- サイズ｜100cm、130cm
- 糸｜ハマナカ ねんね
- 編み方｜70ページ

ガーター編みのカーディガン

打ち合わせを変えた男女おそろいのカーディガン。
脱ぎ着しやすい前あきは便利なアイテム。
くるみボタンと縁のラインがアクセント。

- サイズ：100cm、120cm
- 糸：ハマナカ アメリー
- 編み方：63ページ

モチーフつなぎのベスト

ハートモチーフをつなげたキュートなベスト。
お子さまの成長に合わせて
モチーフを増やせるデザインです。

- サイズ｜110cm、130cm
- 糸｜ハマナカ わんぱくデニス
- 編み方｜[110cm] 54ページ、[130cm] 56ページ

A

B

ボンボンアクセサリー

残り糸であっと言う間にできる
ボンボンネックレスとヘアゴム。
コーディネートのスパイスに。

- 糸 ｜ ハマナカ ねんね、コロポックル《マルチカラー》、アメリー
- 編み方 ｜ 71ページ

ミニバッグ＆
バスケットカバー

クロスステッチが
アクセントになった編み地。
日々のお散歩が楽しくなりそう。

- 糸　　ハマナカ アメリー
- 編み方　58ページ

ブローチ

少しの糸でできる、かぎ針あみのブローチ。
くま、お花、うさぎ、国旗、スマイルの中から
お気に入りを見つけてください。

糸 ： ハマナカ わんぱくデニス、アメリー、
　　　ねんね、コロポックル《マルチカラー》
編み方 ： 60〜63ページ

23

基本的な用具

1 なわあみ針
編み目を交差させるとき、後で編む目を休ませるときに使います。

2 ゴムキャップ
棒針の先につけて、糸が抜けるのを防ぎます。

3 くるくるボンボン
ボンボンを素早くきれいに作ることができます。直径 3.5cm、5.5cm、7cm、9cm があります。

4 編み目リング
棒針に通しておくと目数が数えやすくなります。

5 段目リング
目に通しておくと段数や目数が数えやすくなります。少ない目数の休み目にも使えます。

6 ミニミニほつれ止め・マーカー
少ない目数の休み目に。目印としても使えます。

7 まち針
毛糸用のまち針。針先が丸くなっています。

8 ほつれ止め
肩の編み終わりの休み目に通して使います。

9 毛糸とじ針
糸の始末やとじはぎに使います。針先が丸くなっています。

10 ハマナカアミアミ片かぎ針〈金属製〉
2/0号～10/0号まであり、糸の太さに適した針を使います。

11 ハマナカアミアミ両かぎ針〈金属製〉
2/0号～10/0号まであり、糸の太さに適した針を使います。

12 ハマナカアミアミ手あみ針〈竹製〉アミアミ・短5本針
輪に編むときに使います。短針は小物を編むときに便利。

13 ハマナカアミアミ手あみ針〈竹製〉アミアミ・特長4本針
輪に編むときに使います。片側にゴムキャップをつければ、玉付針のように使えます。糸の太さに適した針を使います。

14 ハマナカアミアミ手あみ針〈竹製〉アミアミ玉付・2本針
編み目が抜けないように針の片側に玉がついています。糸の太さに適した針を使います。

この本で使用した毛糸

ハマナカ わんぱくデニス

- アクリル 70%
  ウール 30%（防縮加工ウール使用）
- 50g玉巻（約120m）
- [適正針] 棒針：6～7号針　かぎ針：5/0号針

ハマナカ アメリー

- ウール 70%（ニュージーランドメリノ使用）
  アクリル 30%
- 40g玉巻（約110m）
- [適正針] 棒針：6～7号針　かぎ針：5/0～6/0号針

ハマナカ ねんね

- ウール 100%（ニュージーランドメリノ使用）
- 30g玉巻（約150m）
- [適正針] 棒針：4号針　かぎ針：3/0号針

ハマナカ コロポックル《マルチカラー》

- ウール 40%　アクリル 30%　ナイロン 30%
- 25g玉巻（約92m）
- [適正針] 棒針：3～4号針　かぎ針：3/0号針

◎表示は2019年8月現在のものです。用具と糸については下記へお問い合わせください。
ハマナカ株式会社　http://www.hamanaka.co.jp　京都本社 TEL.075-463-5151

How to make
作品の編み方

この本に掲載したウエア作品は90〜130cmのうち2サイズの編み方を掲載しています。

■ 口絵モデルの身長と着用サイズ

[　男 の 子　] 身長 95センチ　　100〜110cm着用
[小さい女の子] 身長 93.5センチ　100〜110cm着用
[大きい女の子] 身長 124センチ　　130cm着用

■ 参考サイズ

	身長	体重
2歳くらい	90cm	12〜14kg
3歳くらい	100cm	14〜16kg
4〜5歳くらい	110cm	16〜19kg
6〜7歳くらい	120cm	20〜24kg
7〜8歳くらい	130cm	23〜27kg

■ 製図の見方　単位:センチ

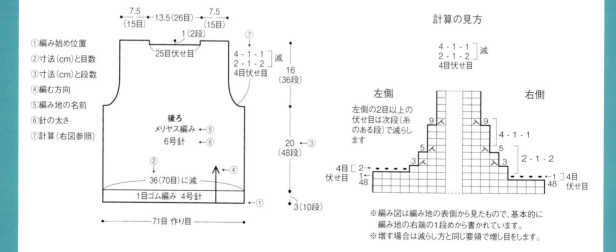

■ できあがりサイズ　　できあがりサイズは、とじ代分(各1目)を引いて表示しています。そのため、製図の寸法を足したサイズより小さくなります。

p.4 ボーダーセーター A

100cm・120cm ※写真は100cm

| 糸 | ハマナカ わんぱくデニス(50g玉巻)
● ダークレッド(38) 100cm:70g　120cm:90g
● ネイビー(20) 100cm:50g　120cm:64g
● クリーム色(31) 100cm:35g　120cm:45g |
| 用具 | ● 7号、5号2本棒針
● 6号4本棒針 |
| ゲージ | メリヤス編み縞　19目×26段=10cm角 |
| できあがりサイズ | 100cm:胸囲70cm、着丈37cm、ゆき丈41.5cm
120cm:胸囲78cm、着丈43cm、ゆき丈50.5cm |

編み方

糸は1本どりで、指定の配色で編みます。

後ろ・前　一般的な作り目で編み始めます。1目ゴム編みを編み、続けてメリヤス編み縞Aを編みます。糸は切らずに端で渡します。前衿ぐりを減らしながら編みます。編み終わりは休み目にします。肩を中表に合わせてかぶせはぎにします。

袖　前後から拾い目をして編み始めます。メリヤス編み縞Bで減らしながら編みます。続けて1目ゴム編みとメリヤス編みを編み、編み終わりは伏せ止めにします。

まとめ　衿ぐりは前後から拾い目をして、模様編み縞を輪に編みます。編み終わりは伏せ止めにします。脇・袖下をすくいとじで合わせます。

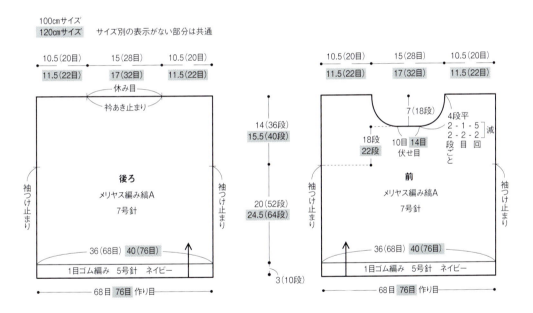

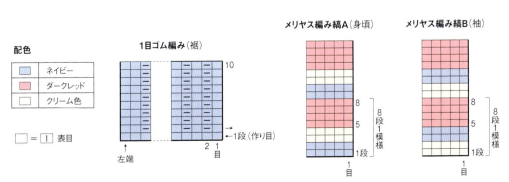

ボーダーセーター A

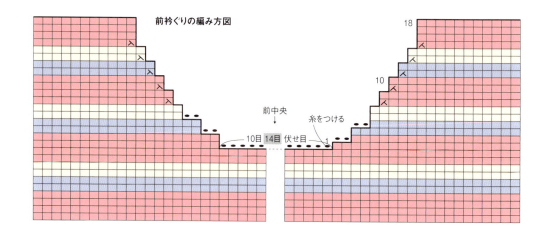

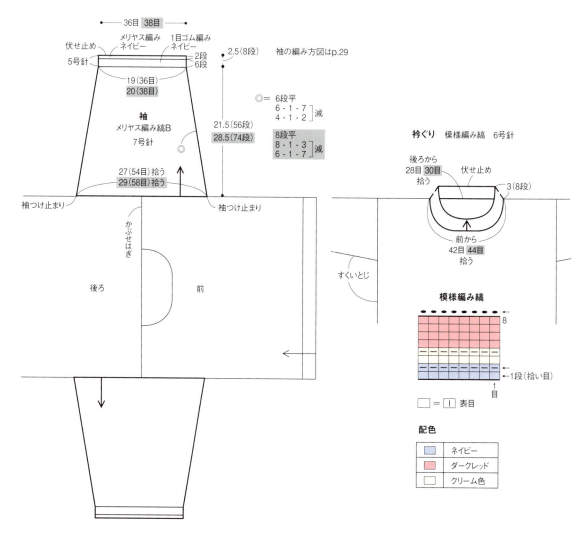

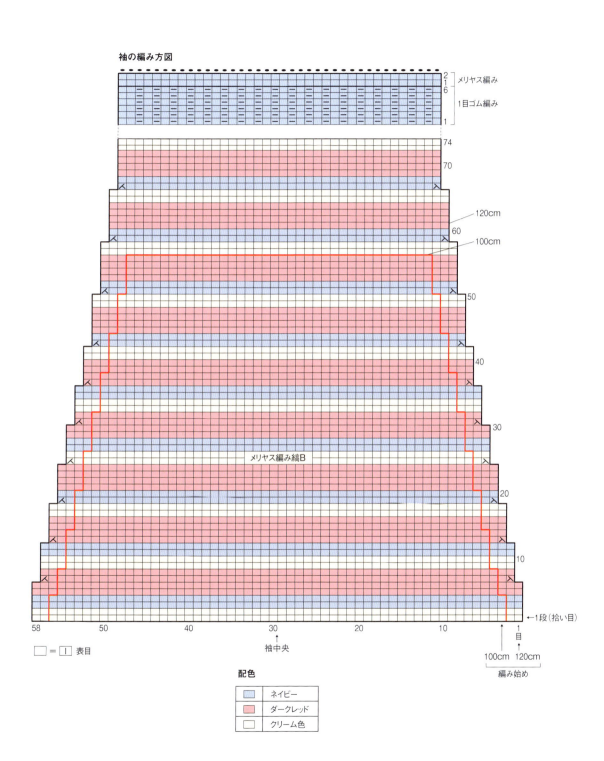

p.5 ボーダーセーター B

90cm・110cm　※写真は110cm

- **糸** ハマナカ わんぱくデニス（50g玉巻）
  - ネイビー（20）90cm：77g　110cm：96g
  - クリーム色（31）90cm：58g　110cm：72g
  - エンジ（15）90cm：5g　110cm：5g
- **用具**
  - 7号、5号2本棒針
  - 6号4本棒針
- **ゲージ** メリヤス編み縞　19目×26段＝10cm角
- **できあがりサイズ**
  - 90cm：胸囲66cm、着丈35.5cm、ゆき丈36cm
  - 110cm：胸囲74cm、着丈39cm、ゆき丈47cm

編み方

糸は1本どりで、指定の配色で編みます。

後ろ・前　一般的な作り目で編み始めます。1目ゴム編み縞Aを編み、続けてメリヤス編み縞で編みます。糸は切らずに端で渡します。前衿ぐりを減らしながら編みます。編み終わりは休み目にします。肩を中表にしてかぶせはぎで合わせます。

袖　前後から拾い目をして編み始め、メリヤス編み縞で編みます。減らしながら編みます。続けて1目ゴム編み縞Bとメリヤス編みを編み、編み終わりは伏せ止めにします。

まとめ　衿ぐりは前後から拾い目をして、模様編み縞を輪に編みます。編み終わりは伏せ止めにします。脇・袖下をすくいとじで合わせます。

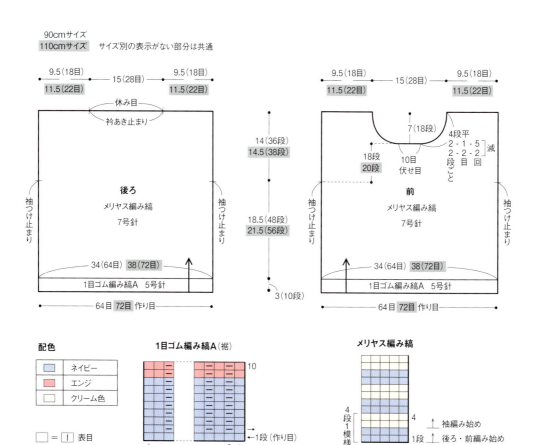

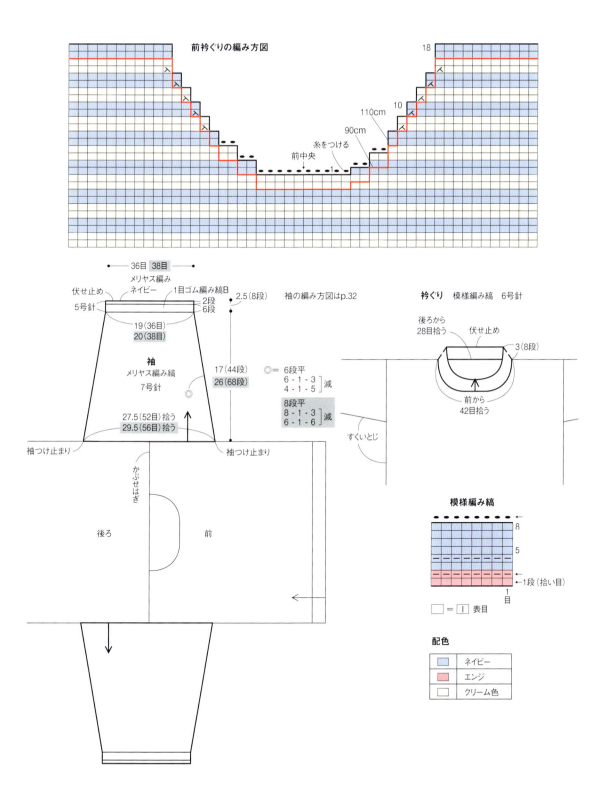

ボーダーセーター B

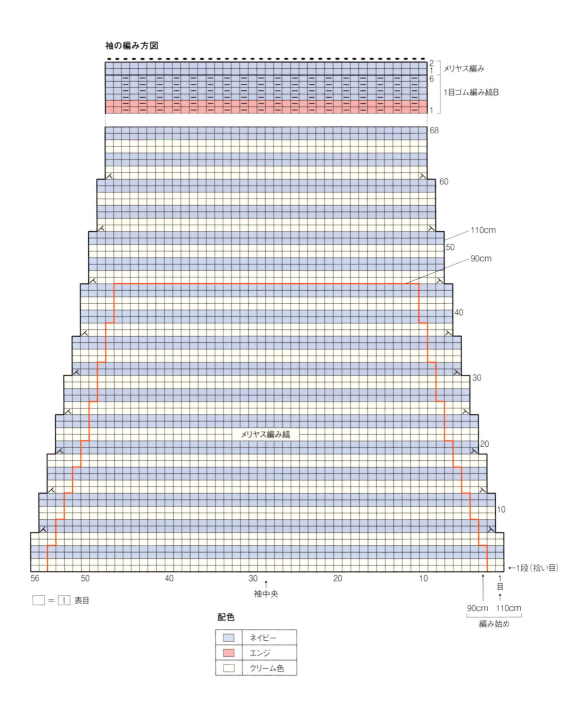

p.6 マルチボーダーセーター

90cm・130cm　※写真は130cm

糸　ハマナカ わんぱくデニス（50g玉巻）
- ブラック（17）90cm：55g　130cm：90g
- クリーム色（31）90cm：39g　130cm：63g
- ライトブラウン（58）90cm：18g　130cm：29g
- エンジ（15）90cm：16g　130cm：26g
- マスタード（28）90cm：7g　130cm：11g
- ダークグリーン（12）90cm：7g　130cm：10g

用具
- 7号、5号2本棒針
- 6号4本棒針

ゲージ　メリヤス編み・メリヤス編み縞　19目×26段＝10cm角

できあがりサイズ
90cm：胸囲66cm、着丈35.5cm、ゆき丈36cm
130cm：胸囲84cm、着丈45cm、ゆき丈55cm

編み方
糸は1本どりで、指定の配色で編みます。

後ろ・前　一般的な作り目で編み始めます。1目ゴム編み縞を編みます。糸は切らずに端で渡します。続けてメリヤス編みを編みます。前衿ぐりは減らしながら編みます。編み終わりは休み目にします。肩を中表にしてかぶせはぎで合わせます。

袖　前後から拾い目をして編み始め、メリヤス編み縞で編みます。減らしながら編みます。続けて1目ゴム編み縞とメリヤス編みを編み、編み終わりは伏せ止めにします。

まとめ　衿ぐりは前後から拾い目をして、模様編み縞を輪に編みます。編み終わりは伏せ止めにします。脇・袖下をすくいとじで合わせます。

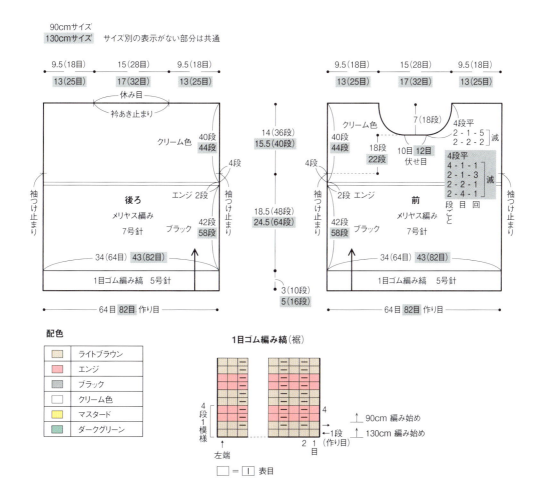

マルチボーダーセーター

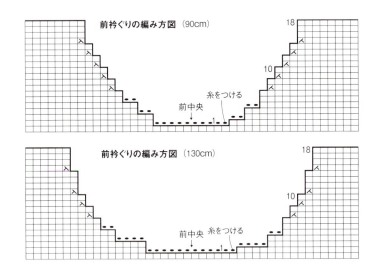

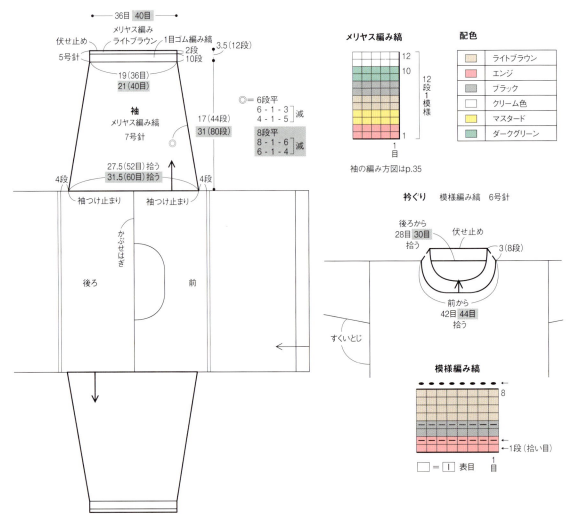

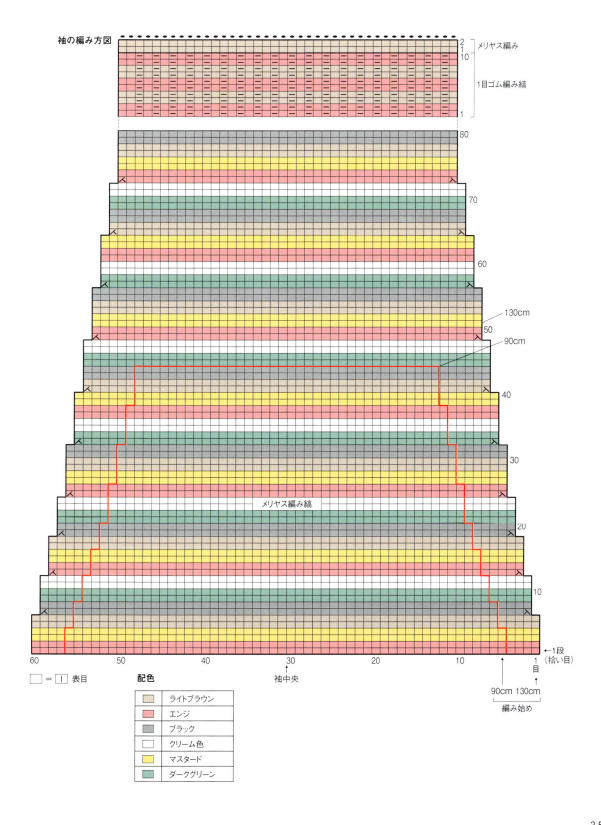

p.7 ボンボンつきマフラー

- 糸
  - ハマナカ わんぱくデニス（50g玉巻）
    - エンジ（15）30g
    - ライトブラウン（58）28g
    - ダークグリーン（12）・ブラック（17）・マスタード（28）・クリーム色（31）各17g
- 用具
  - 7号2本棒針
  - ハマナカ くるくるボンボン（H204-550）直径7cm
- ゲージ　メリヤス編み縞　19目×26段＝10cm角
- できあがりサイズ　幅12.5cm、長さ116cm
- 編み方

糸は1本どりで、指定の配色で編みます。
一般的な作り目で編み始めます。メリヤス編み縞で編みます。糸は切らずに端で渡します。編み終わりは伏せ止めにします。両端をすくいとじで合わせます。本体の編み始めと終わりの糸を通してしぼります。ボンボンを2個作り、上下にとじつけます。

p.8 かぎ針あみの帽子

- 糸
  - ハマナカ わんぱくデニス（50g玉巻）
    - ネイビーブルー（11）・ブルー（45）各22g
    - グラスグリーン（46）21g
- 用具　5/0号かぎ針
- ゲージ　模様編み縞　20目×18.5段＝10cm角
- できあがりサイズ　頭回り48cm、深さ16cm
- 編み方

糸は1本どりで、指定の配色で編みます。
トップから輪の作り目で編み始めます。
図のように増しながら模様編み縞で編みます。

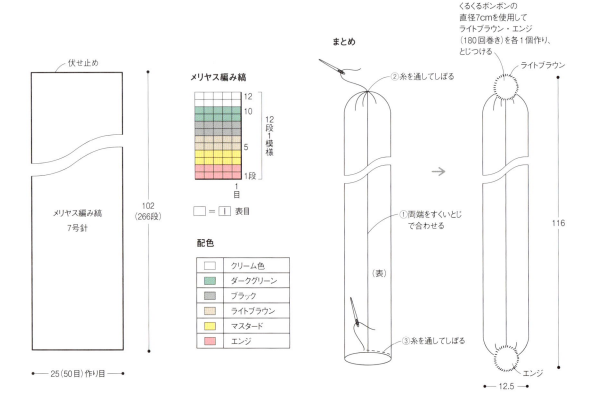

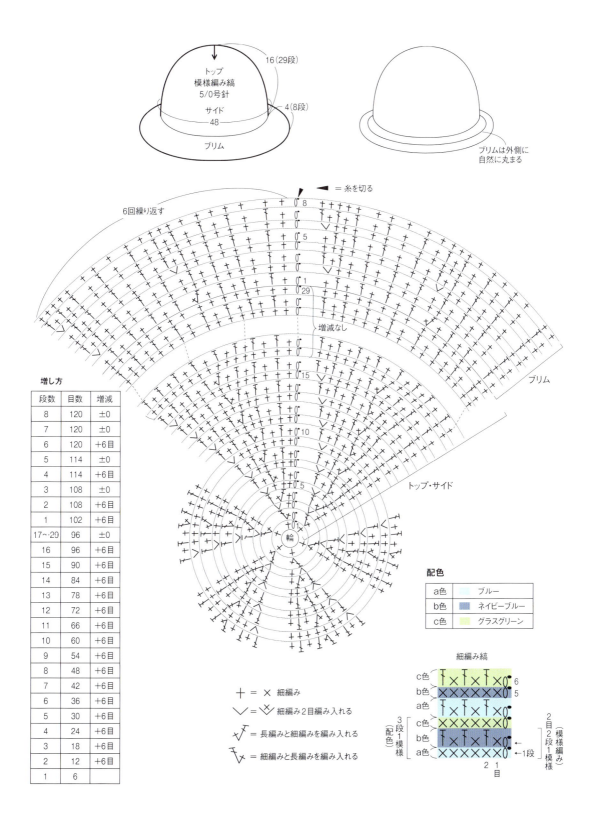

p.10 チルデンベスト

100cm・120cm　※写真は100cm

糸
- ハマナカ アメリー(40g玉巻)
  - ●ピーチピンク(28) 100cm:89g　120cm:119g
  - ●グレー(22) 100cm:15g　120cm:20g
  - ●ベージュ(21) 100cm:3g　120cm:4g

用具
- 6号、5号、4号2本棒針
- 4号4本棒針

ゲージ　模様編み・模様編み縞　20目×27.5段=10cm角
　　　　　メリヤス編み縞　19目×27.5段=10cm角

できあがりサイズ
100cm:胸囲66cm、背肩幅37cm、着丈37.5cm
120cm:胸囲74cm、背肩幅41cm、着丈43cm

編み方
糸は1本どりで、指定の配色で編みます。

後ろ・前　一般的な作り目で編み始めます。1目ゴム編みを編み、1目増して模様編み縞と模様編みで編みます。後ろ衿ぐりは伏せ目にします。前は図のように減らしながら編みます。後ろの編み終わりは、袖ぐり側は休み目、衿ぐり側の10目は伏せ目にします。前は休み目にします。

前衿　前から拾い目をしてメリヤス編み縞で14段編みます。編み終わりは休み目にします。

まとめ　前の編み終わりを1目減らして、後ろの肩と中表にかぶせはぎします。前衿の両端と後ろ肩の残りの目と、目と段のはぎで合わせます。衿ぐりを1目ゴム編みで輪に3段編みます。編み終わりは伏せ止めにします。脇をすくいとじで合わせます。袖ぐりは前後から拾って輪に編み、編み終わりは伏せ止めにします。

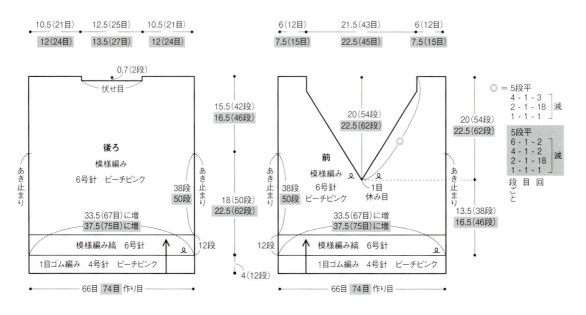

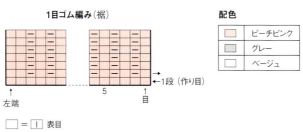

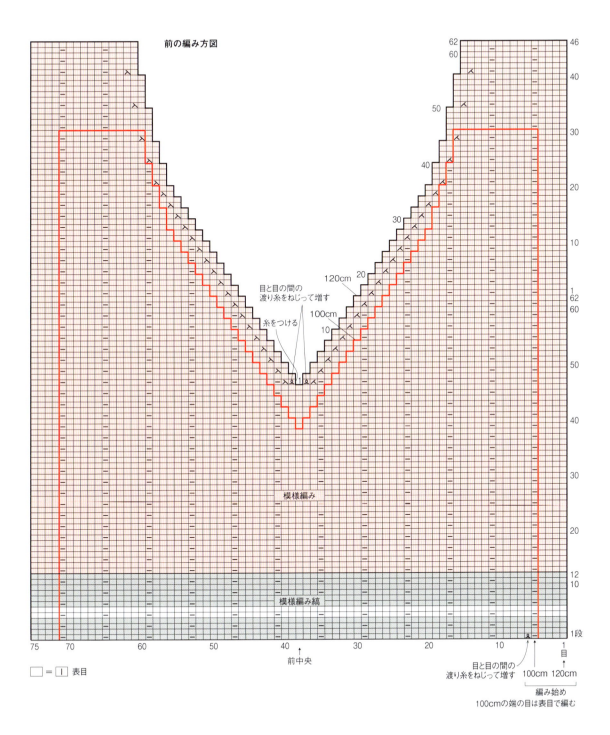

チルデンベスト

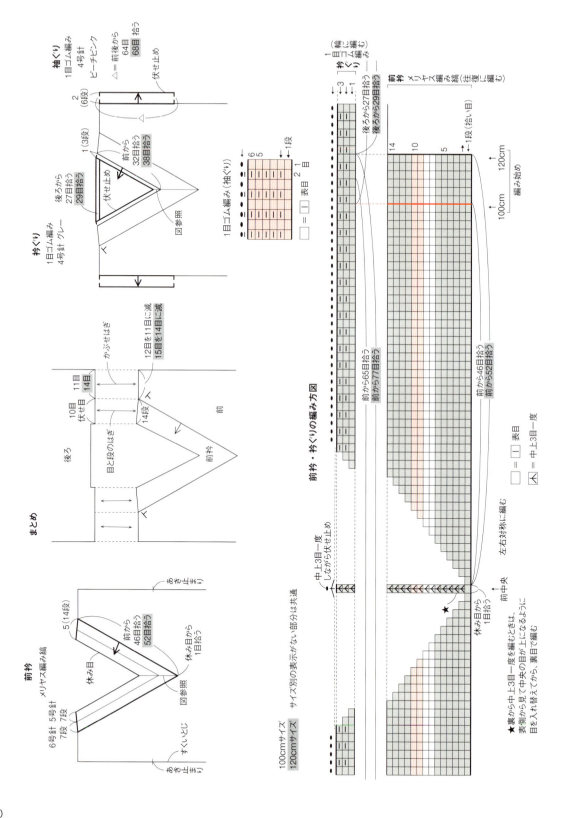

p.12 コート

100cm・110cm ※写真は100cm

- **糸** ハマナカ わんぱくデニス（50g玉巻）
  - ネイビー（20）100cm：200g　110cm：230g
  - ダークレッド（38）100cm：21g　110cm：24g
  - ライトブラウン（58）100cm：10g　110cm：12g
- **ボタン** 直径1.4cmを5個
- **用具** 7号、6号、5号2本棒針
- **ゲージ** メリヤス編み（7号針）　19目×26段＝10cm角
  編み込み模様（7号針）　21目×22段＝10cm角
- **できあがりサイズ**
  100cm：胸囲72cm、着丈49cm、ゆき丈43.5cm
  110cm：胸囲76cm、着丈52cm、ゆき丈48.5cm

編み方

糸は1本どりで、指定の配色で編みます。

後ろ・右前・左前 一般的な作り目で編み始めます。1目ゴム編みを編み、続けてメリヤス編みと編み込み模様で編みます。袖ぐり・衿ぐりを減らしながら編みます。編み終わりは休み目にします。

袖 身頃と同様に編み始め、袖下は増しながら、袖山は減らしながら編みます。編み終わりは伏せ止めにします。

まとめ 肩は中表にしてかぶせはぎ、脇・袖下はすくいとじで合わせます。後ろ衿は後ろから拾い目をしてガーター編みで増しながら編みます。編み終わりは伏せ止めにします。右衿と左衿は、後ろ衿から拾い目をしてガーター編みで減らしながら編みます。右衿と左衿を身頃にすくいとじでつけます。前立ては1目ゴム編みとメリヤス編みで編みますが、左前立てには、ボタンホールを作ります。編み終わりは伏せ止めにします。右前にボタンをつけます。袖は引き抜きとじでつけます。

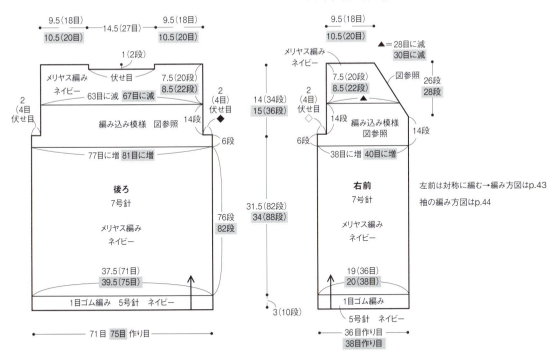

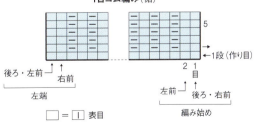

41

コート

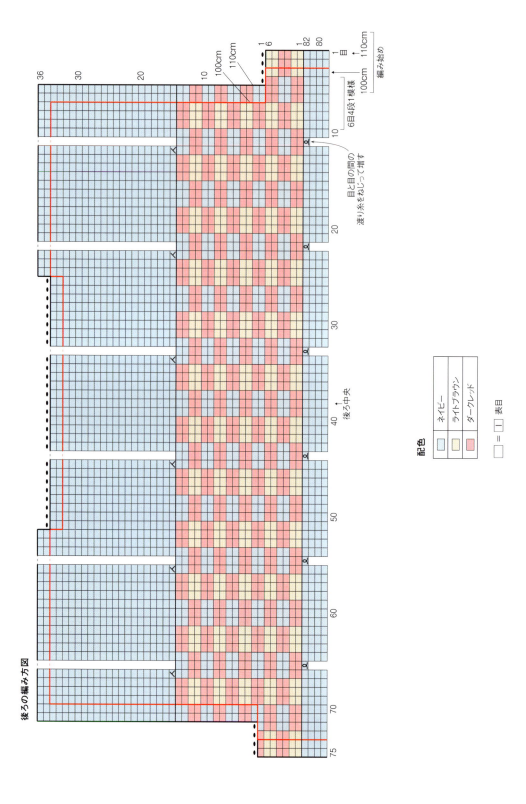

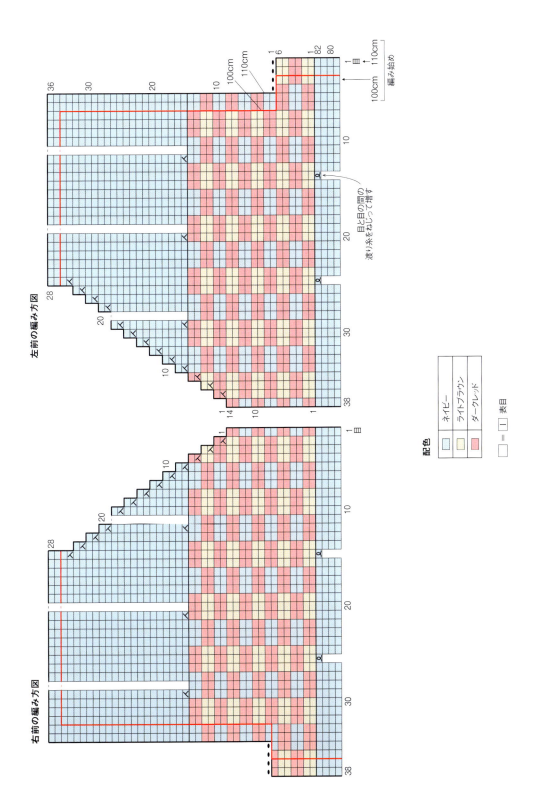

コート

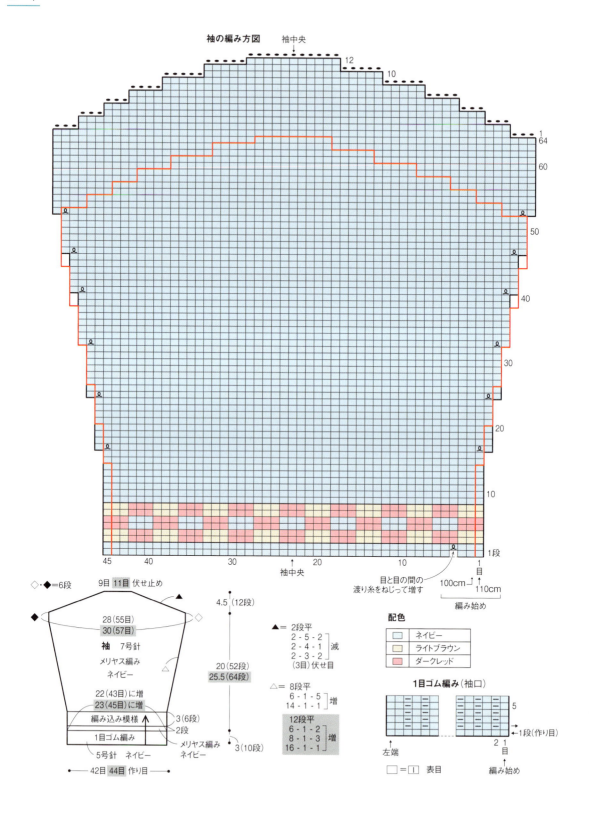

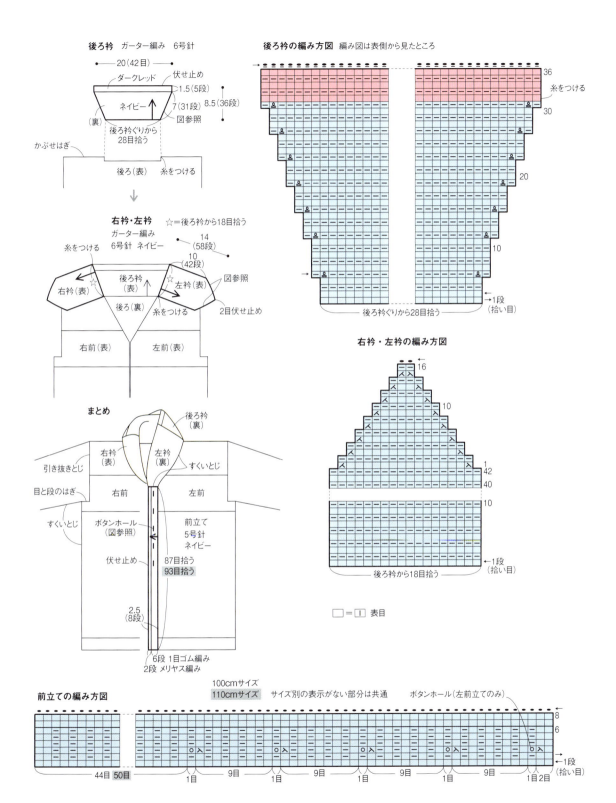

p.14 水玉もようのセーター

100cm・110cm　※写真は110cm

- **糸** ハマナカ アメリー（40g玉巻）
  - チャコールグレー（30）100cm：103g、110cm：112g
  - イエローオーカー（41）100cm：65g、110cm：71g
- **用具**
  - 5号、7号2本棒針
  - 6号4本棒針
- **ゲージ** 編み込み模様　22目×26段＝10cm角
  模様編み　22目×28段＝10cm角
- **できあがりサイズ**
  100cm：胸囲72cm、着丈34cm、ゆき丈41.5cm
  110cm：胸囲76cm、着丈36cm、ゆき丈46.5cm

編み方

糸は1本どりで編みます。

後ろ・前　一般的な作り目で編み始めます。1目ゴム編みを編み、1目増して編み込み模様で編みます。配色糸は横に糸を渡して編みます。編み終わりは休み目にします。肩を中表にして、かぶせはぎで合わせます。

袖　前後から拾い目をして、模様編みで減らしながら編み、続けて1目ゴム編みを編みます。編み終わりは、前段と同じ記号で編んで伏せ止めにします。

まとめ　衿ぐりは前後から拾い目をして、模様編み縞で輪に編みます。編み終わりは伏せ止めにします。脇・袖下をすくいとじで合わせます。

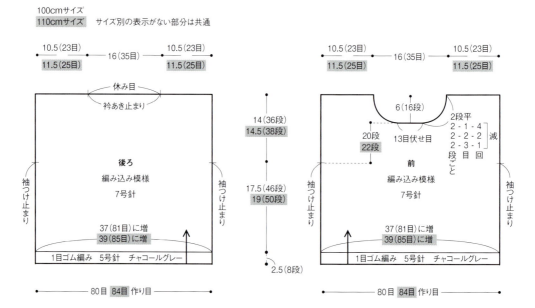

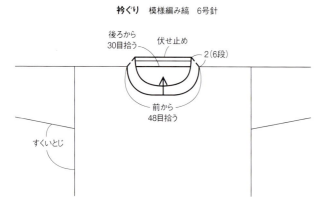

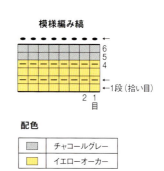

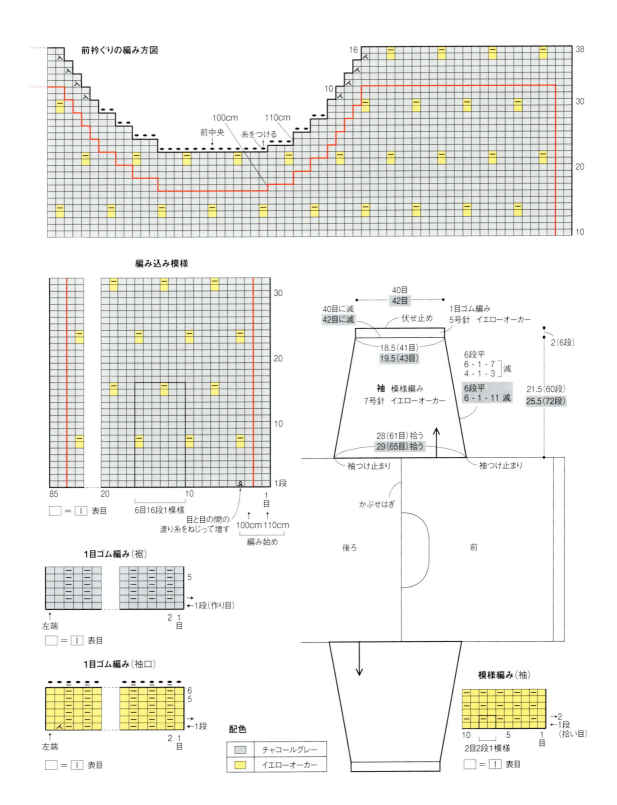

p.15 アランもようのカーディガン

90cm・110cm　※写真は110cm

- **糸** ハマナカ ねんね（30g玉巻）
  - バニラ（2）90cm：110g　110cm：141g
- **用具**
  - 3号、5号2本棒針
  - 4/0号かぎ針
- **ボタン** 直径1.5cm　90cm：5個　110cm：6個
- **ゲージ** メリヤス編み　25目×35段＝10cm角
  模様編み　33目（1模様）が10.5cm×
  34段が10cm
- **できあがりサイズ**
  90cm：胸囲68cm、背肩幅27.5cm、
  着丈33cm、袖丈23.5cm
  110cm：胸囲74.5cm、背肩幅31cm、
  着丈39cm、袖丈31.5cm

編み方

糸は1本どりで編みます。

後ろ 一般的な作り目で編み始めます。1目ゴム編みとメリヤス編みで編みます。袖ぐり・後ろ衿ぐりを減らしながら編みます。編み終わりは休み目にします。

前 後ろと同様に編み始め、1目ゴム編みと模様編みで編みます。編み終わりは休み目にします。

袖 後ろと同様に編み始め、メリヤス編みで袖下は増しながら、袖山は減らしながら編みます。編み終わりは伏せ止めにします。

まとめ 肩を中表にして前を減らしながらかぶせはぎ、脇・袖下をすくいとじで合わせます。衿ぐりは前後から拾い目をして1目ゴム編みで6段、メリヤス編みで指定の目数に減らして2段編み、編み終わりは伏せ止めにします。前立ては1目ゴム編みとメリヤス編みで編みますが、左前立てにはボタンホールを作ります。編み終わりは伏せ止めにします。袖を引き抜きとじでつけます。右前にボタンをつけます。

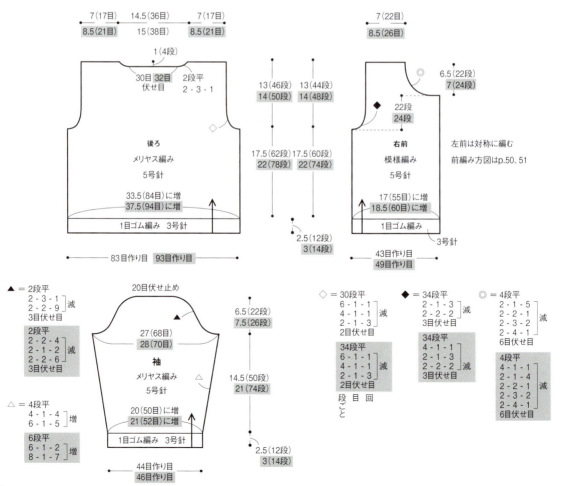

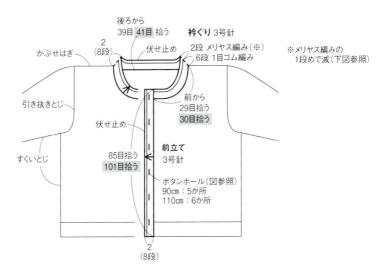

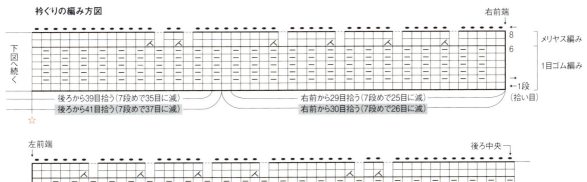

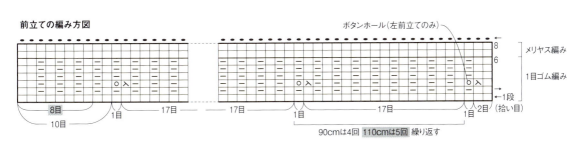

アランもようのカーディガン

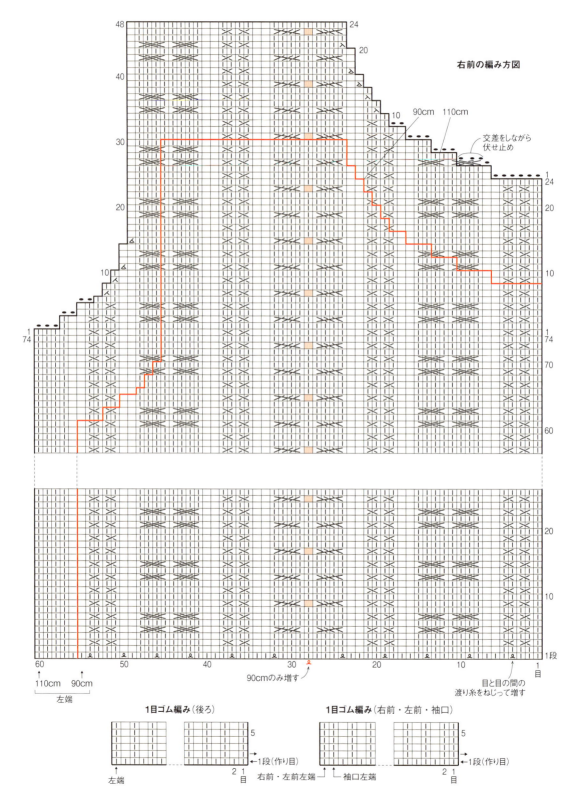

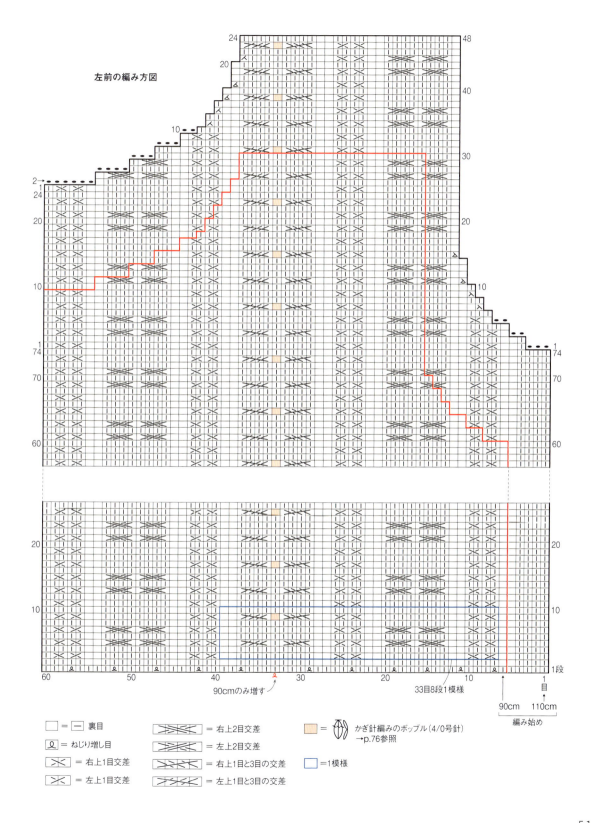

p.16 フェアアイルベスト

110cm・130cm　※写真は110cm

糸
ハマナカ アメリー（40g玉巻）
- グレー（22）110cm:65g　130cm:88g
- ダークレッド（6）110cm:15g　130cm:20g
- ネイビーブルー（17）110cm:10g　130cm:14g
- ベージュ（21）110cm:5g、130cm:7g
- フォレストグリーン（34）110cm:5g　130cm:7g
- イエローオーカー（41）5g　130cm:7g

用具
- 6号2本棒針
- 4号4本棒針

ゲージ
メリヤス編み　19目×23段＝10cm角
編み込み模様　21目×23段＝10cm角

できあがりサイズ
110cm:胸囲72cm、背肩幅25cm、着丈39.5cm
130cm:胸囲80cm、背肩幅29cm、着丈44.5cm

編み方
糸は1本どりで、指定の配色で編みます。

後ろ・前　一般的な作り目で編み始めます。1目ゴム編みを編み、後ろはメリヤス編みで、前は横に糸を渡す編み込み模様で編みます。袖ぐり・衿ぐりを減らしながら編み、編み終わりは休み目にします。

まとめ　肩を中表にして、前身頃の端を2目一度にして前後の目数を合わせ、かぶせはぎで合わせます。脇はすくいとじで合わせます。袖ぐり・衿ぐりは前後から拾い目をして1目ゴム編みを輪に編みます。編み終わりは前段と同じ記号で編んで、伏せ止めにします。

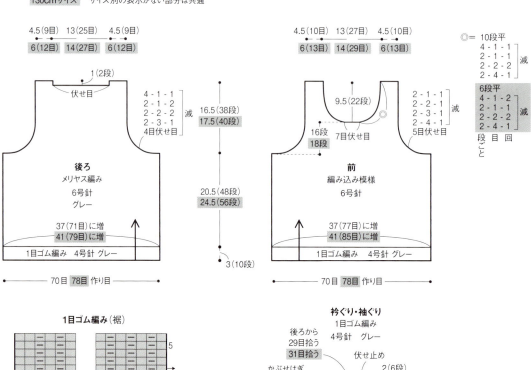

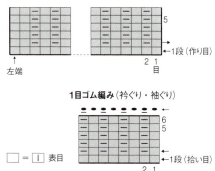

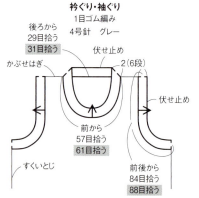

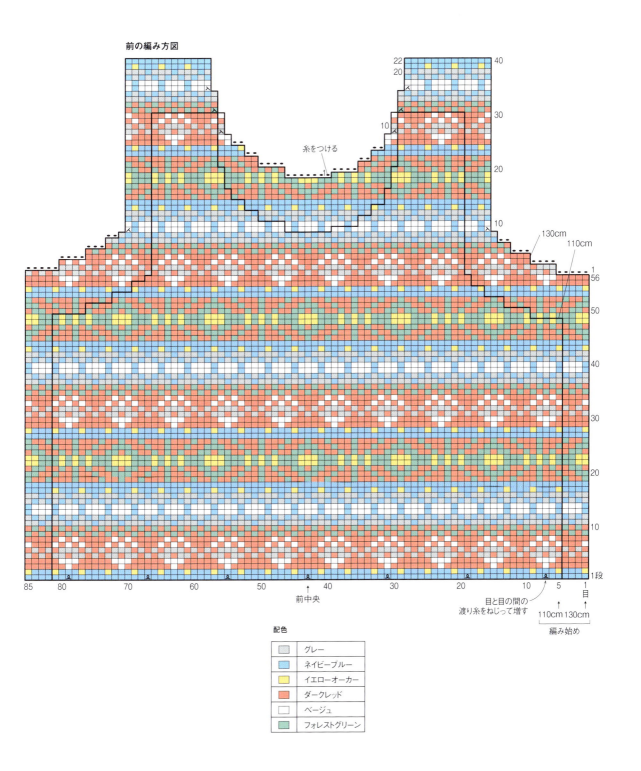

p.20 モチーフつなぎのベスト A

110cm

- **糸**　　● ハマナカ わんぱくデニス(50g玉巻)
  - マスタード(28) 28g
  - パープル(62)・ライトブラウン(58) 各23g

- **用具**
  - 5/0号かぎ針(1本どり)
  - 8/0号かぎ針(2本どり)

- **モチーフの大きさ**　たて4cm、横4.2cm

- **できあがりサイズ**　胸囲59cm、着丈26cm

- **編み方**

モチーフは1本どり、縁編みと肩ひもの鎖編みは2本どりで指定の配色で編みます。

後ろ・前　モチーフは輪の作り目で編み始めます。番号順に編みます。2枚め以降のモチーフは最終段でとなりのモチーフに引き抜き編みでつなぎながら編みます。

まとめ　縁編みはモチーフから拾いながら、引き抜き編みと鎖編みで編みます。肩ひもはモチーフに編みつけます。縁編みと肩ひもは左右同様に編みます。

肩ひも・縁編み
a色　2本どり　8/0号針

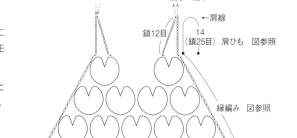

前後身頃
モチーフつなぎ　5/0号針

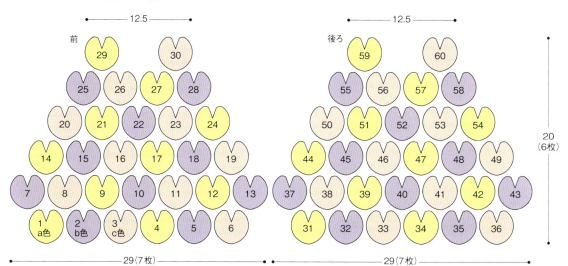

番号順につなげる

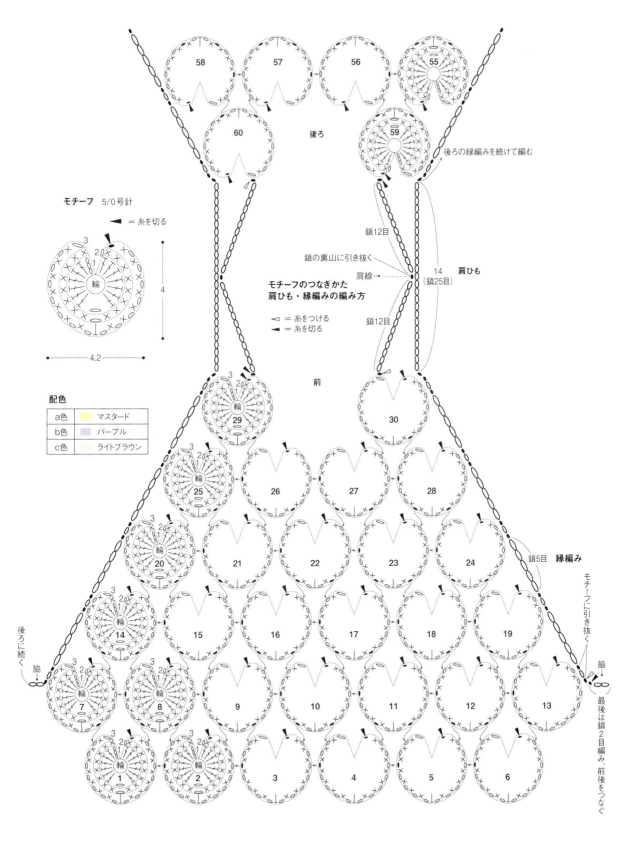

p.20 モチーフつなぎのベスト B

130cm

- **糸** ハマナカ わんぱくデニス(50g玉巻)
  - オレンジ(44) 76g
  - ブラウン(13)・キャメル(61) 各65g
- **用具**
  - 5/0号かぎ針(1本どり)
  - 8/0号かぎ針(2本どり)
- **モチーフの大きさ** たて4cm、横4.2cm
- **できあがりサイズ** 胸囲76cm、着丈45cm

編み方

モチーフは1本どり、縁編みと肩ひもの鎖編みは2本どりで指定の配色で編みます。

後ろ・前 モチーフは輪の作り目で編み始めます。番号順に編みます。2枚め以降のモチーフは最終段でとなりのモチーフに引き抜き編みでつなぎながら編みます。

まとめ 縁編みはモチーフから拾いながら、引き抜き編みと鎖編みで編みます。肩ひもはモチーフに編みつけます。縁編みと肩ひもは左右同様に編みます。

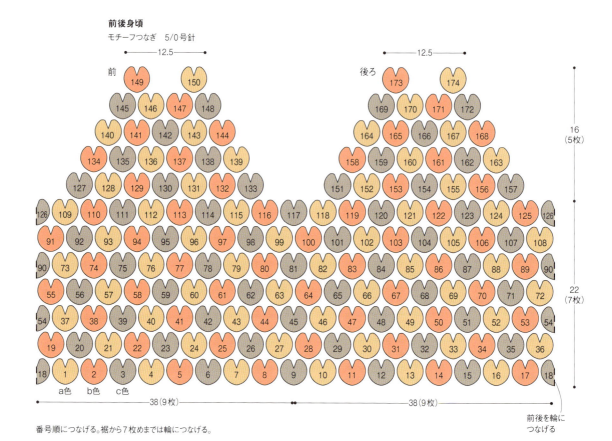

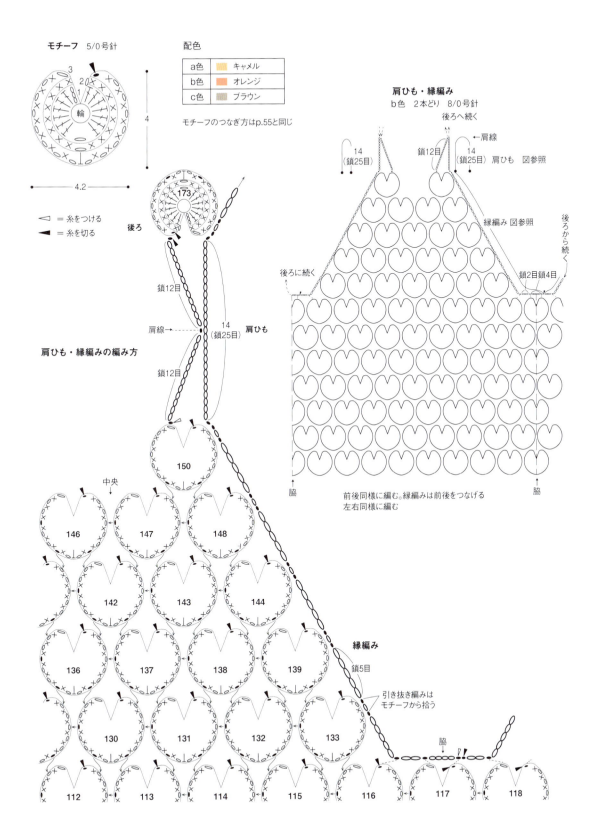

p.22 ミニバッグ&バスケットカバー

糸 | ハマナカ アメリー（40g玉巻）
[ミニバッグ] ● プラムレッド（32）23g
　　　　　● ピンク（7）・スプリンググリーン（33）各12g
　　　　　● ブルーグリーン（12）7g
　　　　　● ピーコックグリーン（47）5g
[バスケットカバー] ● ピンク（7）7g、
　　　　　● クリムゾンレッド（5）・ピーチピンク（28）・
　　　　　プラムレッド（32）各5g

用具 | ● 6/0号かぎ針

ゲージ | 細編み　21.5目×23段＝10cm角

できあがりサイズ
[ミニバッグ]幅17.5cm、深さ17.5cm
[バスケットカバー]20cm×12.5cm

編み方
糸は1本どりで、指定の配色で編みます。

ミニバッグ　本体は鎖編みの作り目で編み始めます。1段めの細編みは鎖の半目と裏山を拾って編みます。指定の配色で2枚編み、図のように配置して、引き抜きとじで合わせます。指定の位置にクロス・ステッチをします。前後を中表にして引き抜きとじで合わせます。持ち手は本体と同様に編み始めます。同じものを2本編み、本体にまつりつけます。

バスケットカバー　鎖編みの作り目で編み始めます。1段めの細編みは鎖の半目と裏山を拾って編みます。指定の配色で3枚編み、引き抜きとじで合わせます。指定の位置にクロス・ステッチをします。

バスケットカバー

細編み縞A　　　細編み縞B　　　細編み縞C

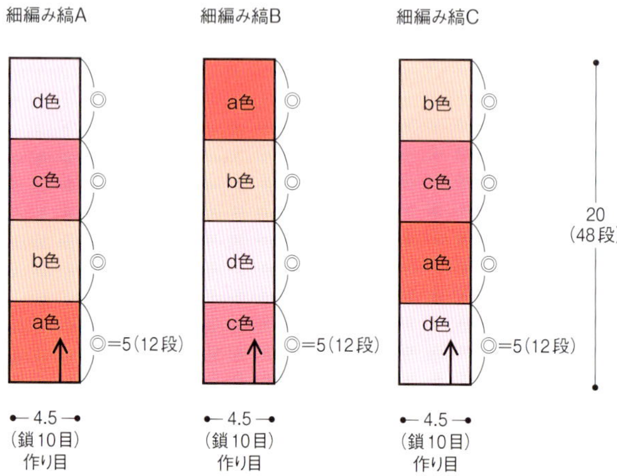

バスケットカバーのまとめ

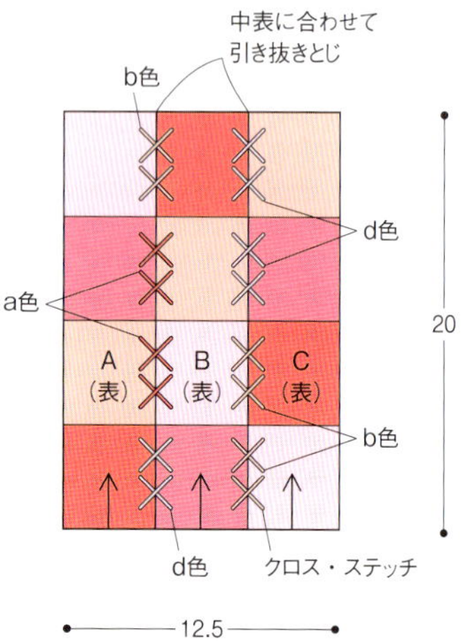

配色

a色		クリムゾンレッド
b色		ピーチピンク
c色		プラムレッド
d色		ピンク

58

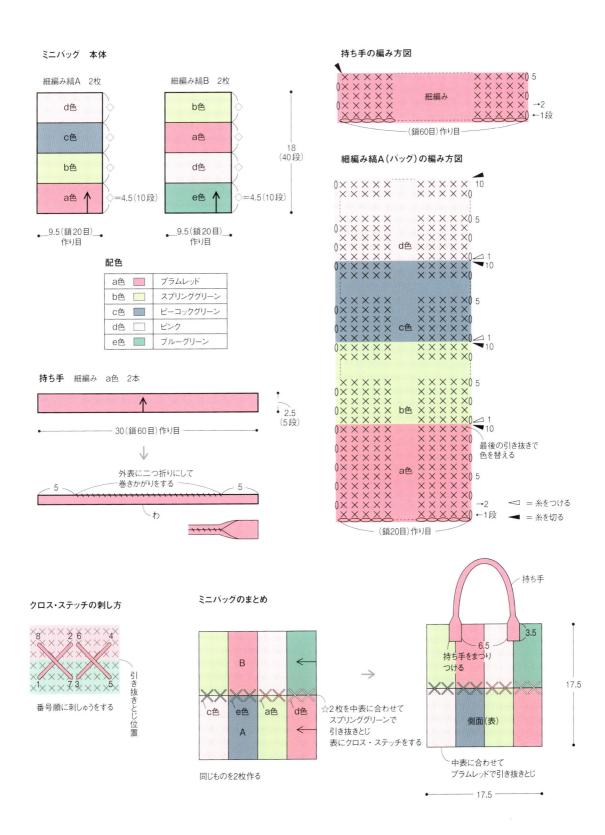

p.23 ブローチ

糸

[ベア] ハマナカ アメリー ●オートミール(40) 4g
ねんね ●ショコラ(15)少々
[花] ハマナカ アメリー
●クリムゾンレッド(5)・ピーチピンク(28)各少々
[うさぎ] ハマナカ ねんね(30g玉巻)
●チェリー(6) 4g
●ショコラ(15)少々
コロポックル《マルチカラー》(25g玉巻)
●グリーン系ミックス(109)・紺系ミックス(114)各2g
[アメリカ国旗] ハマナカ わんぱくデニス
●ダークレッド(38) 4g
●オフホワイト(2) 2g
●ブルー(45)少々
[フランス国旗] ハマナカ わんぱくデニス
●ブルー(45) 2g
●オフホワイト(2)・ダークレッド(38)各1g
[スマイル] ハマナカ ねんね ●レモン(4) 3g
わんぱくデニス ●ブラック(17)少々

用具
[ベア・花・フランス国旗・アメリカ国旗] 5/0号かぎ針
[うさぎ] 4/0号かぎ針 ●5号2本棒針
[スマイル] 4/0号かぎ針

できあがりサイズ
図参照

編み方
糸は1本どりで指定の配色で編みます。

ベア・スマイル 輪の作り目で編み始めます。細編みで増しながら編みます。同じものを2枚編み、どちらか1枚に顔の刺しゅうをします。2枚を外表にして引き抜き編みのすじ編みで合わせます。

花 輪の作り目で編み始め、図のように増しながら編みます。

うさぎ 本体は鎖編みの作り目で編み始めます。1段めの細編みは鎖の半目と裏山を拾って編みます。2枚編み、どちらか1枚に顔の刺しゅうをします。2枚を重ねて周囲を巻きかがりで合わせます。マフラーは一般的な作り目で編み始め、メリヤス編みで編み、編み終わりは伏せ止めにします。本体に縫いとめます。

アメリカ国旗・フランス国旗 鎖編みの作り目で編み始めます。1段めの細編みは、鎖の半目と裏山を拾って編みます。表側・裏側を各1枚編み、2枚を外表に合わせて、周囲を巻きかがりで合わせます。

●セーターやバッグに手縫い糸でとじつけます。

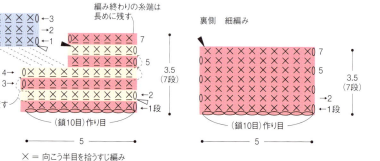

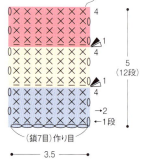

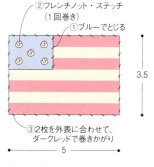

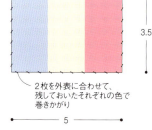

ベア 5/0号針
オートミール

顔 細編み 2枚

2枚めは糸を切らず、2枚を外表に引き抜き編みのすじ編みで合わせる
1枚めは糸を切る

耳 細編み 2枚
糸端を20cm残す
(鎖3目)作り目
糸端を20cm残す

顔の増し方

段数	目数	増減
6	30	±0
5	30	+6目
4	24	+6目
3	18	+6目
2	12	+6目
1	6	

まとめ

少し絞る / まつる / 耳 / サテン・ステッチ / アウトライン・ステッチ

ショコラで刺しゅうをする

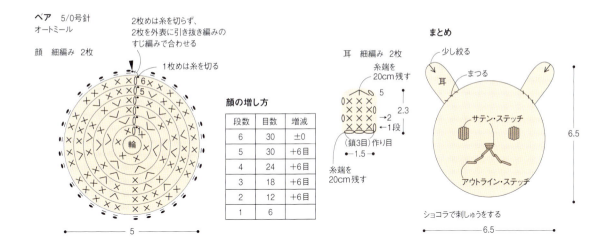

花 5/0号針

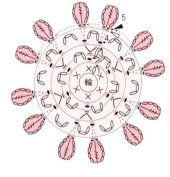

配色

a色	ピーチピンク
b色	クリムゾンレッド

花の増し方

段数	目数・模様数
5	12模様
4	12模様
3	12目
2	6模様
1	6目

∨ = 細編み2目編み入れる
= = 向こう半目を拾う引き抜き編み
= = 手前半目を拾う引き抜き編み
↑ = 細編み3目一度
∨ = 向こう半目を拾い 細編み2目編み入れる

= 前段の手前半目を拾い、引き抜き編み、鎖4目、同じ目に三つ巻き長編み、鎖4目、同じ目に引き抜く

◁ = 糸をつける
◀ = 糸を切る

スマイル 4/0号針
レモン

顔 細編み 2枚

2枚めは糸を切らず、2枚を外表に引き抜き編みのすじ編みで合わせる
1枚めは糸を切る

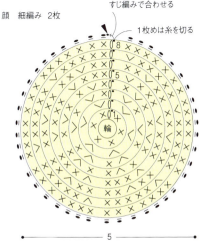

顔の増し方

段数	目数	増減
8	42	±0
7	42	+6目
6	36	+6目
5	30	+6目
4	24	+6目
3	18	+6目
2	12	+6目
1	6	

まとめ

サテン・ステッチ / アウトライン・ステッチ

ブラックで刺しゅうをする(割り糸を使用)

うさぎの編み方図はp.62

ブローチ

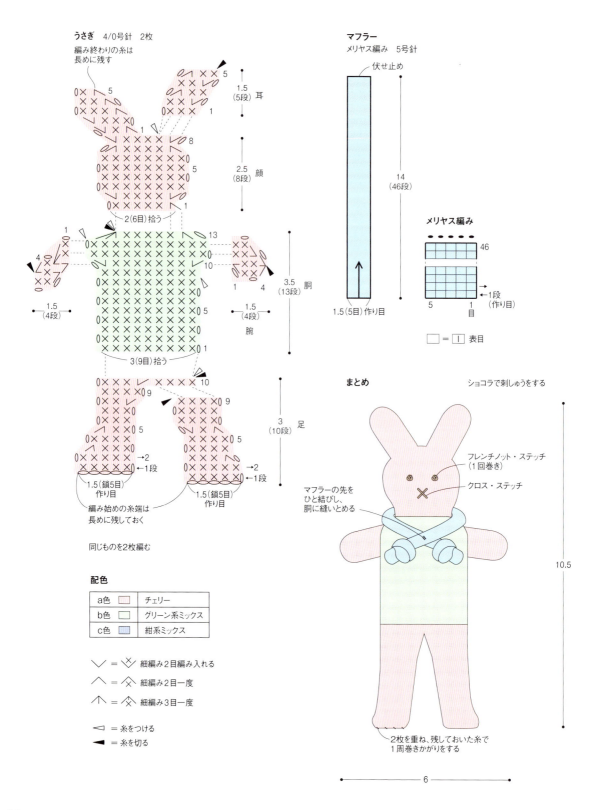

p.18,19 ガーター編みのカーディガン

100cm・120cm　※写真は100cm

[A]p.18　[B]p.19　※指定以外はA・B共通

糸	ハマナカ アメリー（40g玉巻）
	[A]●チャコールグレー（30）100cm:170g　120cm:221g
	●クリムゾンレッド（5）100cm:12g　120cm:16g
	[B]●グレー（22）100cm:170g　120cm:221g
	●ネイビーブルー（17）100cm:12g　120cm:16g
用具	●8号2本棒針
	●5/0号かぎ針
その他	●直径1.2cmのくるみボタン　4個
	●スナップボタン　1個
ゲージ	ガーター編み　18目×34.5段＝10cm角

できあがりサイズ
100cm:胸囲70cm、着丈35.5cm、ゆき丈41.5cm
120cm:胸囲78cm、着丈41.5cm、ゆき丈51.5cm

編み方

糸は1本どりで、指定の配色で編みます。

後ろ・前　一般的な作り目で編み始めます。ガーター編みで編みます。編み終わりは休み目にします。肩を中表にしてかぶせはぎで合わせます。

袖　前後から拾い目をして、ガーター編みとガーター編み縞で編みます。編み終わりは伏せ止めにします。

まとめ　衿ぐりは前後から拾い目をして、ガーター編みで編み、編み終わりは伏せ止めにします。脇・袖下をすくいとじで合わせます。くるみボタンとボタンループを編み、指定位置にとじつけます。

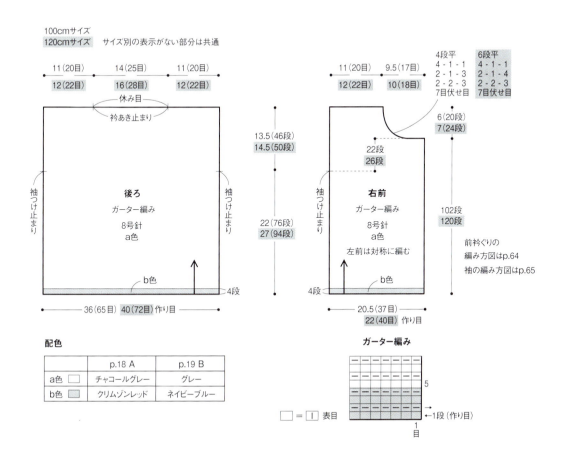

ガーター編みのカーディガン

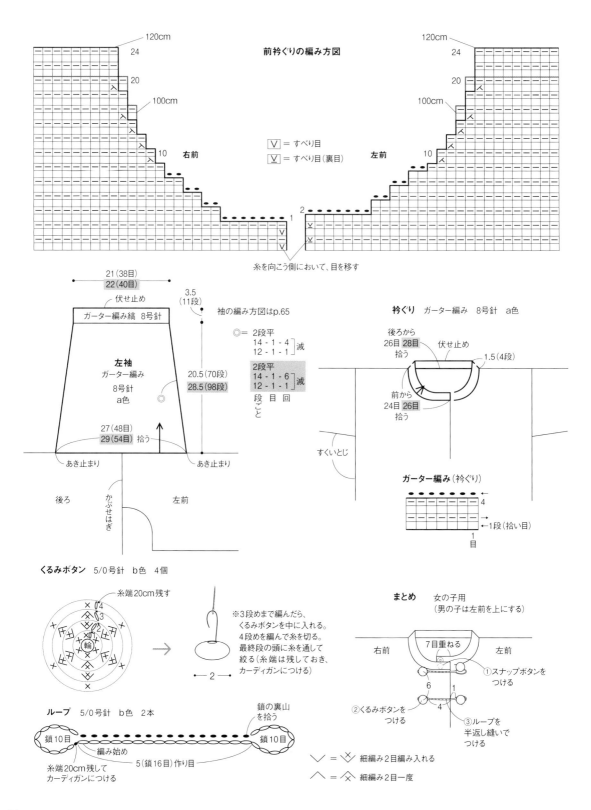

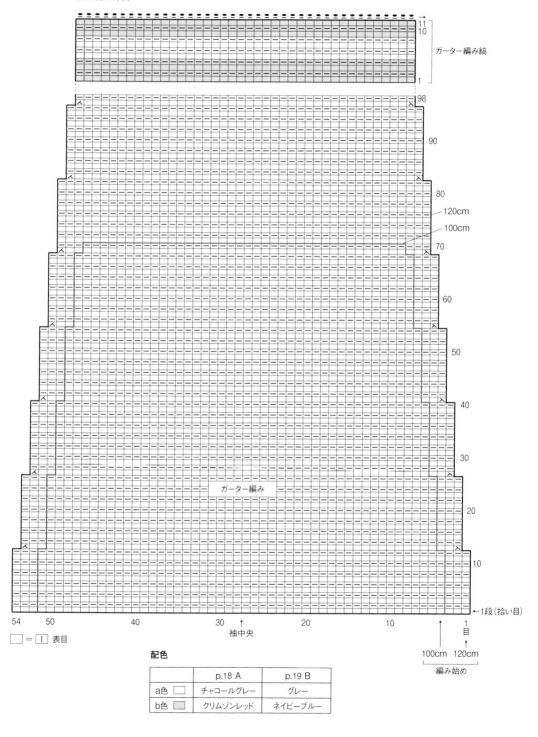

p.9 ボンボンつきベレー

[A]レッド　[B]イエロー　※指定以外はA・B共通

- 糸　ハマナカ ねんね（30g玉巻）
  - [A] ●ベリートマト（14）26g
  - [B] ●レモン（4）29g
- 用具　●5号、4号4本棒針
  - ●ハマナカ くるくるボンボン（H204-550）直径5.5cm
- ゲージ　メリヤス編み　23目×34段＝10cm角
- できあがりサイズ　頭回り45cm、深さ17.5cm

編み方

糸は1本どりで編みます。

本体　一般的な作り目で編み始めます。ガーター編みを輪に編み、続けてメリヤス編みを図のように増減しながら編みます。残った目に2目おきに糸を通して絞ります。

まとめ　ボンボンを作り、トップにとじつけます。Bのベレーは、三つ編みの飾りを2本作り、指定の位置にとじつけます。

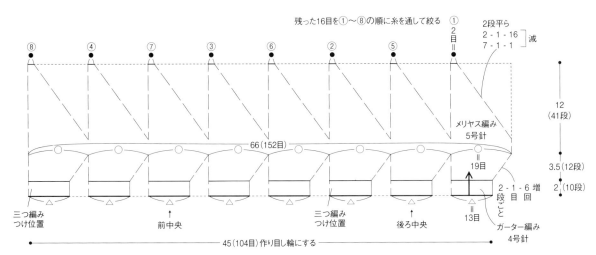

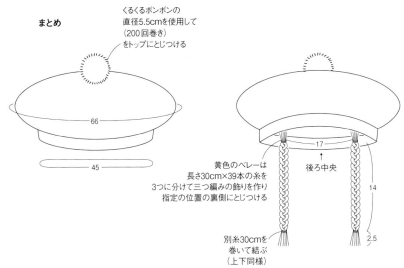

ベレーの編み方図

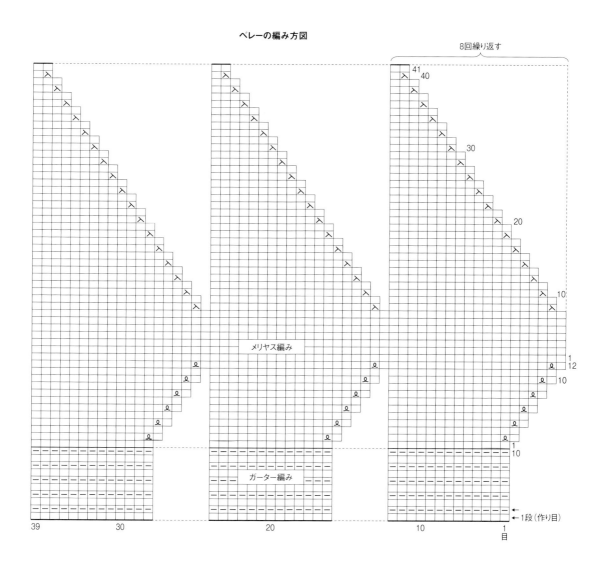

p.11 ワンピース

90cm・110cm　※写真は110cm

- **糸** ｜ ハマナカ アメリー（40g玉巻）
  - チャコールグレー（30）90cm：140g　110cm：168g
  - オートミール（40）90cm：20g　110cm：23g
  - チョコレートブラウン（9）90cm：12g　110cm：14g
- **用具** ｜ 6号4本棒針
  - 4号2本棒針
- **ゲージ** ｜ メリヤス編み　20目×29.5段＝10cm角
- **できあがりサイズ** ｜
  - 90cm：胸囲64cm、背肩幅26cm、着丈43.5cm、袖丈24cm
  - 110cm：胸囲72cm、背肩幅30cm、着丈49.5cm、袖丈32cm

編み方

糸は1本どりで、指定の配色で編みます。

後ろ・前　一般的な作り目で編み始めます。2目ゴム編みを編み、続けてメリヤス編みで編みます。袖ぐり・衿ぐりを減らしながら編みます。編み終わりは休み目にします。

袖　前後と同様に編み始め、増減しながら編みます。編み終わりは伏せ止めにします。

まとめ　肩を中表に合わせてかぶせはぎにします。脇・袖下をすくいとじで合わせます。衿ぐりaは前後から拾い目をして裏メリヤス編みで輪に2段編み、裏目の伏せ止めをします。衿ぐりbは、aを手前に倒して同じ目に針を入れて拾い目をし、メリヤス編みで4段編みます。編み終わりは伏せ止めにします。袖は引き抜きとじで身頃につけます。

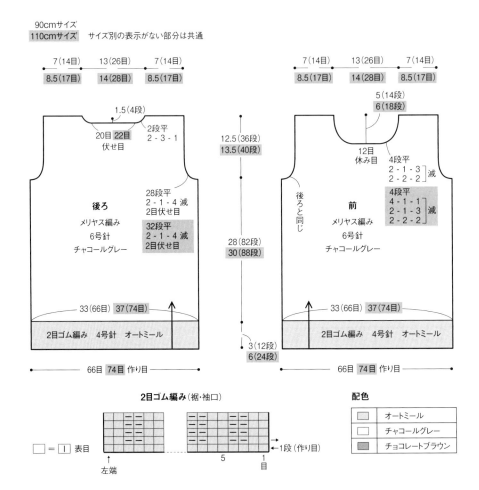

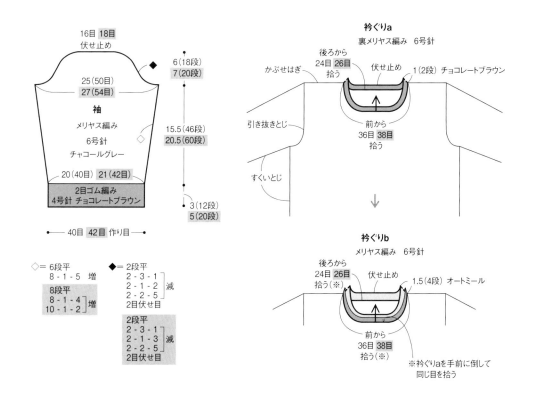

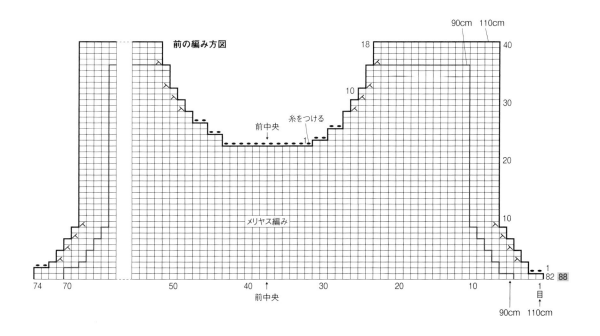

p.17 ハイネックベスト

100cm・130cm ※写真は130cm

糸	ハマナカ ねんね(30g玉巻) ●ベビーネイビー(12) 100cm:87g　130cm:120g
用具	●4号、2号2本棒針 ●4号、2号4本棒針
ゲージ	メリヤス編み　26.5目×36段=10cm角
できあがりサイズ	100cm:胸囲70cm、着丈36.5cm、ゆき丈19.5cm 130cm:胸囲80cm、着丈43cm、ゆき丈23cm

編み方

糸は1本どりで編みます。衿の編み終わりは2本どりで伏せ止めにします。

後ろ・前　一般的な作り目で編み始めます。2目ゴム編みを編み、続けてメリヤス編みを編みます。前衿ぐりを減らしながら編みます。編み終わりは休み目にします。

まとめ　肩を中表にしてかぶせはぎ、脇はすくいとじで合わせます。衿はメリヤス編みを輪に編み、編み終わりは伏せ止めにします。袖ぐりは前後から拾い目をして2目ゴム編みを輪に編み、最終段はメリヤス編みで編み、伏せ止めにします。

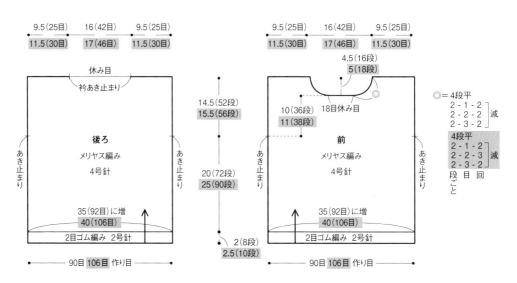

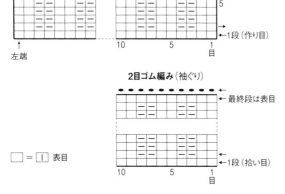

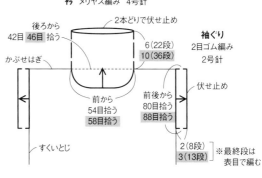

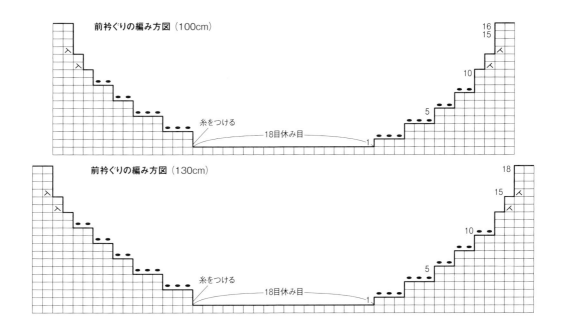

p.21 ボンボンアクセサリー

［A］ヘアゴム　［B］ネックレス
※指定以外はA・B共通

糸
[A] ねんね（30g玉巻）
- チェリー（6）・アプリコット（13）各3g

[B] ハマナカ コロポックル《マルチカラー》（25g玉巻）
- グリーン系ミックス（109）10g

アメリー（40g玉巻）
- ブルーグリーン（12）3g

用具
[ネックレス]●8/0号かぎ針
- ハマナカ くるくるボンボン（H204-570）直径3.5cm

その他
[ヘアゴム]●直径10cmのヘアゴム1個

できあがりサイズ　図参照

編み方
ネックレスの鎖編みは2本どりで編みます。

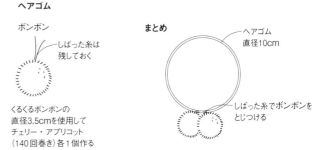

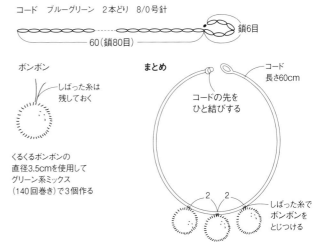

p.11 レッグウォーマー

- **糸** ハマナカ アメリー（40g玉巻）
  - グレー(22) 54g
- **用具** 6号、4号2本棒針
- **ゲージ** 模様編み 24.5目×28段＝10cm角
- **できあがりサイズ** 図参照

編み方

糸は1本どりで編みます。
一般的な作り目で編み始めます。1目ゴム編みを6段編みます。模様編みの1段めで51目に増して編みます。48目に減らして1目ゴム編みを編みます。編み終わりは、伏せ止めにします。両端をすくいとじで合わせます。同じものを2枚編みます。

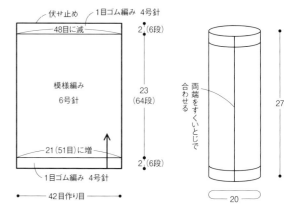

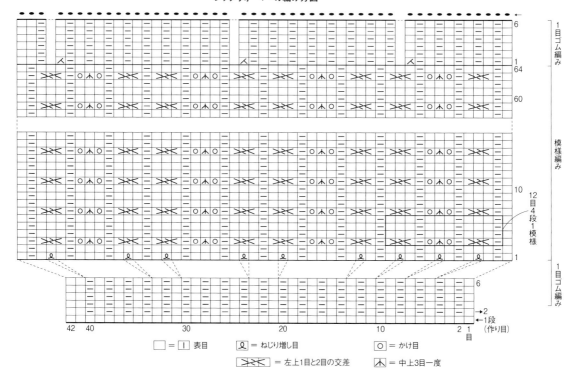

レッグウォーマーの編み方図

棒針編みの基礎

一般的な作り目

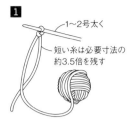

1〜2号太く
短い糸は必要寸法の約3.5倍を残す

糸端側

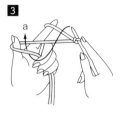 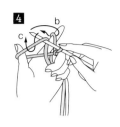

a、b、cの順に糸をくぐらせます。

親指を糸からはずし、矢印のように糸にかけます。

糸を引きしめます。

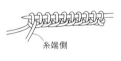

糸端側

3〜6を繰り返し、必要目数を作ります。これが1段めになります。

| 表目

糸を向こうにおき、右針を矢印のように手前から入れます。

右針に糸をかけて引き出します。

引き出したら、左針を抜きます。

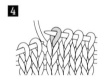

表目が1目編めました。

— 裏目

糸を手前におき、右針を矢印のように向こうから入れます。

右針に糸をかけて引き出します。

引き出したら、左針を抜きます。

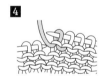

裏目が1目編めました。

○ かけ目

糸を手前からかけます。これがかけ目になります。

次の目を普通に編みます。

V すべり目

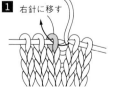

右針に移す

糸を向こう側におき、矢印のように右針を入れて編まずに移します。

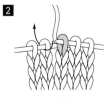

次の目からは普通に編みます。

73

左上2目一度

1. 右針を矢印のように手前から入れ、2目一緒にすくいます。
2. 右針に糸をかけて引き出し、表目を編みます。
3. 引き出したら、左針を抜きます。
4. 1目減りました。

右上2目一度

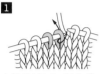  

1. 左針の1目を、編まずに右針へ移します。
2. 次の目を表目で編みます。
3. 左針で2で編んだ目に1の目をかぶせます。
4. 左針を抜きます。
5. 1目減りました。

左上2目一度（裏目）

1. 右針を矢印のように2目に入れます。
2. 右針に糸をかけて引き出し、2目一緒に裏目で編みます。
3. 裏目の左上2目一度が編めました。

右上2目一度（裏目）

1. 1、2の順に手前から針を入れて編まずに右針に移します。
2. 左針に戻し1、2の目を入れ替えて2目一緒に裏目で編みます。
3. 裏目の右上2目一度が編めました。

伏せ目

1. 表目で2目編みます。
2. 編んだ目の1目めに左針を入れ、2目めにかぶせます。
3. 伏せ目が1目編めました。

伏せ目（裏目）

1. 裏目で2目編みます。
2. 編んだ目の1目めに左針を入れ、2目めにかぶせます。
3. 裏目の伏せ目が1目編めました。

中上3目一度

1. 右針を矢印のように手前から入れ、編まずに右針に移します。
2. 左の目を表目で編みます。
3. 1で右針に移した2目に左針を入れます。
4. 3の2目を2で編んだ目にかぶせます。
5. 中上3目一度が編めました。

ねじり増し目（右側）

右側の目を編み、間の渡り糸を右針ですくいます。

左の針に図のようにかけます。

ねじり目で編みます。

右側のねじり目ができました。

ねじり増し目（左側）

左端の1目手前まで編み、間の渡り糸を右針ですくいます。

左の針に図のようにかけます。

ねじり目で編みます。

左側のねじり目ができました。

左上1目交差

左針の2目めを1目めの手前から針を入れます。

左針の1目めを表目で編みます。

左上1目交差が編めました。

右上1目交差

左針の2目めを1目めの向こうから針を入れます。

左針の1目めを表目で編みます。

右上1目交差が編めました。

左上2目交差

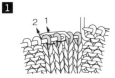
2目をなわ編み針に移して、向こう側におき、次の2目を表目で編みます。

なわ編み針に移した目を表目で編みます。

次の目も表目で編みます。

左上2目交差が編めました。

右上2目交差

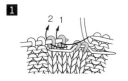
2目をなわ編み針に移して、手前におき、次の2目を表目で編みます。

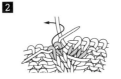
なわ編み針に移した目を表目で編みます。

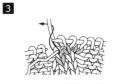
次の目も表目で編みます。

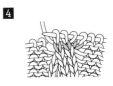
右上2目交差が編めました。

糸を横に渡す編み込み

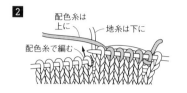
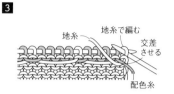

1 配色糸は上、地糸は下に裏で糸を渡して編みます。

2 裏に渡る糸は、引きすぎないようにします。

3 編み地を持ち替えたら、必ず糸を交差させてから編みます。

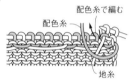

4 配色糸を地糸の上において編みます。糸の渡し方はいつも一定にします。

縞模様の配色糸の替え方

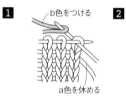

2～4段で色を替える細い縞模様は、糸を切らずに編みます。太い縞や糸替えのときは、糸を切ります。

かぎ針編みのボッブル

1 前段の目にかぎ針を入れて引き出し、鎖2目を編みます。

2 糸をかけて引き出すことを3回繰り返し、未完成の長編みを3目編みます。

3 糸をかけて4ループを一度に引き抜きます。

4 かぎ針のボッブルが編めました。目を右の棒針に移します。

かぶせはぎ

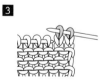
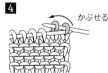
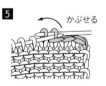

1 編み地を中表に合わせ、向こう側の編み目を引き出します。

2 繰り返して端まで引き出します。

3 端の2目を表目で編みます。

4 右の目をかぶせます。

5 次の目を編み、右の目をかぶせることを繰り返します。

目と段のはぎ

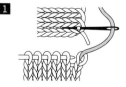
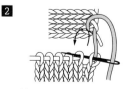
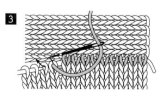

1 下は編み目から針を出し、上は1目内側の横糸をすくいます。

2 下の端の目に手前側から入れ、左隣の目に向こう側から入れます。

3 はぎ合わせる目数より段数が多い場合は、ところどころ2段すくい、均等にはぎます。

すくいとじ

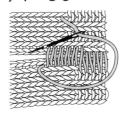

端1目内側の横糸を1段ずつすくっていきます。

引き抜きとじ

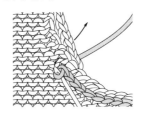

編み地を中表に合わせて、端1目内側にかぎ針を入れ、引き抜きながらとじます。

かぎ針編みの基礎

○ 鎖編み

1
糸端を少し残して左手にかけ、指先で矢印のようにすくって輪を作ります。

2
糸が交差した部分を押さえながら、針に糸をかけて引き出します。

3
糸端を引きます。これは1目には数えません。

4
針に糸をかけて引き出します。

5
1目編めました。

× 細編み

1
鎖1目で立ち上がり、作り目の1目めの裏山をすくいます。

2
針に糸をかけて引き出します。

3
針に糸をかけて、針にかかっている2ループを引き抜きます。

4
1目編めました。**1**〜**3**を繰り返します。

T 中長編み

1
立ち上がりの鎖2目／台の目
鎖2目で立ち上がり、針に糸をかけて作り目の2目めの裏山をすくいます。

2
針に糸をかけて引き出します。

3
針に糸をかけて、3ループを一度に引き抜きます。

4
1目編めました。**1**〜**3**を繰り返します。

T 長編み

1
立ち上がりの鎖3目／台の目
鎖3目で立ち上がり、針に糸をかけて作り目の2目めの裏山をすくいます。

2
針に糸をかけて引き出し、1段の高さの半分くらいまで糸を引き出します。

3
針に糸をかけて、2ループを引き抜きます。

4
針に糸をかけて、2ループを引き抜きます。

5
1目編めました。**1**〜**4**を繰り返します。

鎖目の拾い方

鎖半目と裏山を拾う方法

1 **2** **3**
立ち上がり

鎖の裏山を拾う方法

1 **2** **3**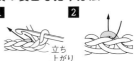
立ち上がり

⊤ 三つ巻き長編み

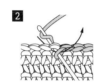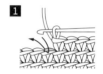
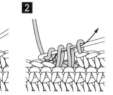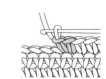

針に糸を3回かけて、作り目の裏山をすくい、あとは矢印のように糸を引き出すことを繰り返し、長編みの要領で最後まで編みます。

● 引き抜き編み

前段の頭に針を入れて、糸をかけて引き抜きます。

✕ すじ編み

向こう側半目を拾って、細編みを編みます。
裏を見て編むときは、手前側半目を拾います。

⋀ 細編み2目一度

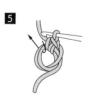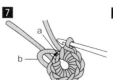

未完成の細編みを2目編み、針に糸をかけて、2ループを一度に引き抜きます。※細編み3目一度も同じ要領で編みます。

⋎ 細編み2目編み入れる

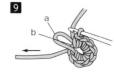

同じ目に細編みを2目編みます。

輪の作り目

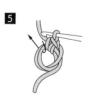

1. 左手の人さし指に、糸をかるく2回巻きつけます。
2. 輪の中に針を入れ、糸をかけて引き出します。
3. 糸をかけて引出し、鎖編みを編みます。
4. 輪の中に針を入れます。
5. 細編みを必要目数編み入れます。

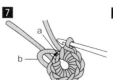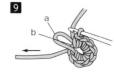

6. 糸端を少し引きます。
7. 6で引かれた糸aを矢印の方向に引きます。
8. aの糸を引いて、bの糸を引きしめます。
9. 糸端を引いてaの糸を引きしめます。
10. 輪の作り目ができました。

長編み2目一度

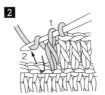
1. 未完成の長編みを編みます。

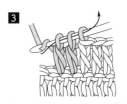
2. 次の目も同様に編みます。

3. 針に糸をかけて、3ループを一度に引き抜きます。

4. 1目減りました。

巻きかがり（全目）

編み目の頭を1目ずつすくいます。

モチーフのつなぎ方　鎖5目を引き抜き編みでつなぐ場合

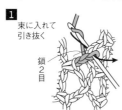
1. 鎖2目を編み、つなぐモチーフのループに表から針を入れて引き抜きます。

2. 続けて鎖2目を編み、モチーフに戻り、続きを編みます。

との違い

前段の1目に針を入れる。

前段の鎖編みのループをすくう。

刺しゅうの基礎

アウトライン・ステッチ

①から針を出し、②に刺し入れたら半分ほど戻ったところに針を出します。

フレンチノット・ステッチ（1回巻き）

①から針を出したら、糸をかけながら針先を上に向け、糸を引きしめて①のとなりに刺し入れます。

サテン・ステッチ

図案が左右対称の場合は、中央から刺し始め、片側ずつ埋めます。

岡本啓子　Keiko Okamoto

神戸在住。ニットデザイナー、Atelier K'sK主宰。「編」「縫」「繍」「織」「紡」の壁を越えて自由な発想の基にトレンドを意識した作品を展開。メーカー・出版社にデザイン、作品を提供。大阪・阪急うめだ本店にアンテナショップ「K'sK」出店。指導者として神戸、大阪、東京、横浜にアトリエK'sK編み物教室、ヴォーグ学園、各地の講習会で指導。全国に多くのファンを持つ。『岡本啓子のあみもの　棒針あみ』(日本ヴォーグ社刊)他、著書多数。

http://atelier-ksk.net/

●素材提供
ハマナカ株式会社
http://www.hamanaka.co.jp
京都市右京区花園薮ノ下町2番地の3
FAX.075-463-5159
メール info@hamanaka.co.jp

●撮影協力
AWABEES

●協力
アトリエK'sK
TEL＆FAX.078-452-1052

作品制作　佐伯寿賀子　澤田里美　鈴木恵美子
　　　　　中川好子　宮崎満子　宮本寛子

撮　影　　蜂巣文香
スタイリング　曲田有子
ヘアメイク　AKI
モデル　　フウゴ　ルルド　アイリ
ブックデザイン　土屋裕子(株式会社ウエイド 手芸制作部)
トレース(基礎)　松尾容巳子(Mondo Yumico)
校　閲　　高柳涼子
編　集　　小林奈緒子
進　行　　鏑木香緒里

●読者の皆様へ
本書の内容に関するお問い合わせは、
お手紙または
FAX.03-5360-8047
メール info@TG-NET.co.jp
にて承ります。
恐縮ですが、お電話でのお問い合わせはご遠慮ください。
『90〜130cmサイズの毎日着せたいキッズ♡ニット』編集部

※本書に掲載している作品の複製・販売はご遠慮ください。

90〜130cmサイズの毎日着せたいキッズ♡ニット

2019年8月10日　初版第1刷発行

著　者　　岡本啓子
発行者　　穂谷竹俊
発行所　　株式会社日東書院本社
　　　　　〒160-0022　東京都新宿区新宿2丁目15番14号　辰巳ビル
　　　　　電話 03-5360-7522(代表)　　FAX 03-5360-8951(販売部)
　　　　　振替 00180-0-705733　　URL http://www.TG-NET.co.jp/

印　刷　　三共グラフィック株式会社
製　本　　株式会社セイコーバインダリー

本書の無断複写複製(コピー)は、著作権上での例外を除き、著作者、出版社の権利侵害となります。
乱丁・落丁はお取り替えいたします。小社販売部までご連絡ください。

©Nitto Shoin Honsha Co.,Ltd 2019.Printed in Japan
ISBN 978-4-528-02259-1 C2077